いくらかな？

社会がみえる
ねだんのはなし **5**

リサイクルと
環境の
ねだん

藤田千枝 編　新美景子　鈴木有子 著

大月書店

リサイクルと環境のねだん

もくじ

1枚
2.3円～4.2円

●仕入れ価格は大きさによってちがう。
●スーパーでは有料の場合2円～6円で販売している。
　レジ袋はいらないという人には値引きしたり、会員
　カードにエコポイントをつけるところもある。

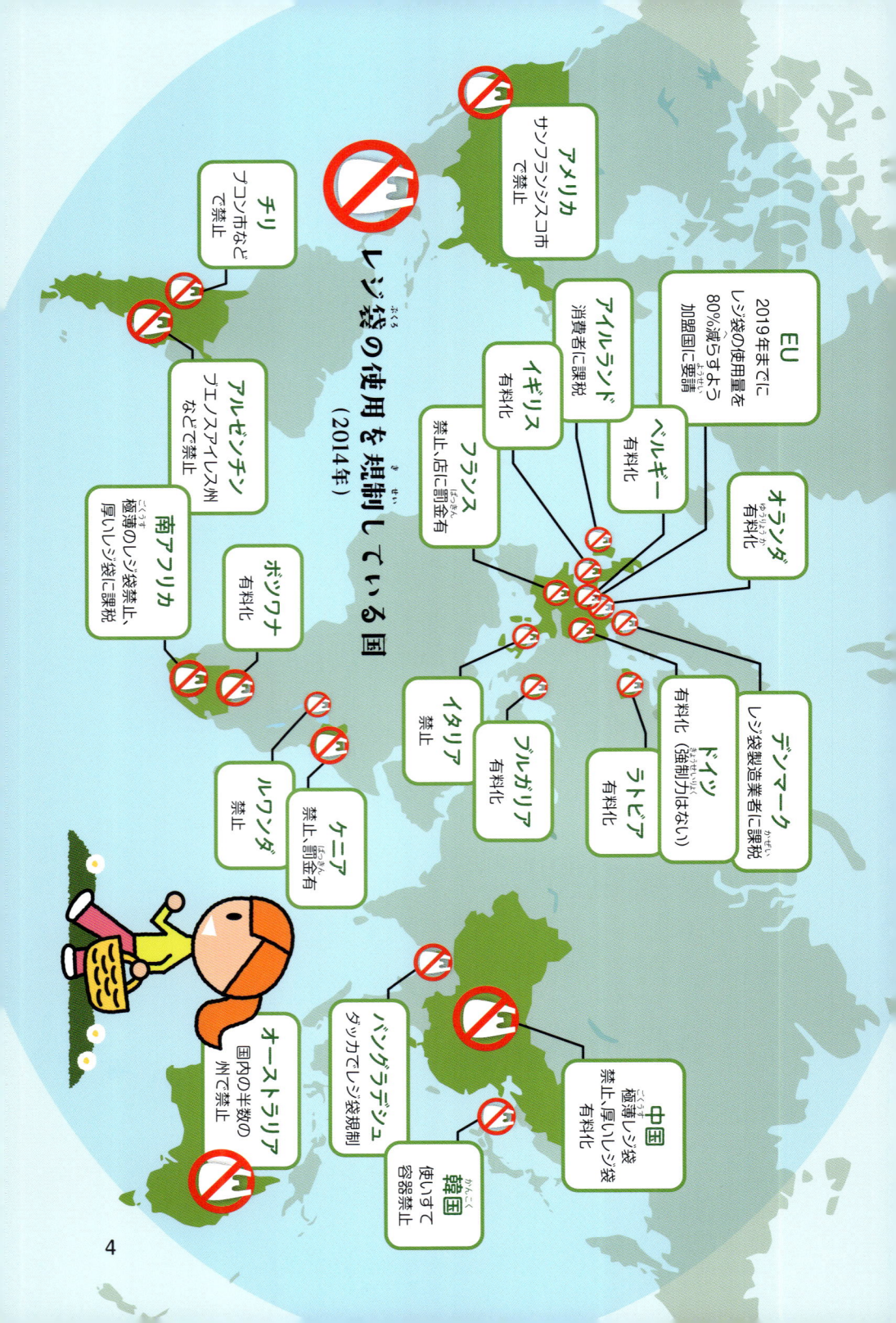

レジ袋の使用を規制している国
（2014年）

アメリカ サンフランシスコ市で禁止

チリ プコン市などで禁止

アルゼンチン ブエノスアイレス州などで禁止

南アフリカ 極薄のレジ袋禁止、厚いレジ袋に課税

ボツワナ 有料化

ルワンダ 禁止

ケニア 禁止、罰金有

EU 2019年までにレジ袋の使用量を80%減らすよう加盟国に要請

アイルランド 消費者に課税

イギリス 有料化

ベルギー 有料化

オランダ 有料化

フランス 禁止、店に罰金有

イタリア 禁止

ブルガリア 有料化

ラトビア 有料化

ドイツ 有料化（強制力はない）

デンマーク レジ袋製造業者に課税

中国 極薄レジ袋禁止、厚いレジ袋有料化

韓国 使いすて容器禁止

バングラデシュ ダッカでレジ袋規制

オーストラリア 国内の半数の州で禁止

国民1人あたり、1年間に300枚のレジ袋を使っている

　日本では国民1人あたり年間約300枚のレジ袋が使われている。日本全体では約305億枚で、そのほとんどがごみになる。家庭から出るプラスチックごみの約15%がレジ袋だ。

　人類がこれまでにつくり出したプラスチックは83億トン。これは、シロナガスクジラ8000万頭分の重さと同じだ。そのうち約8割の63億トンがごみになっていて、このままいくと2050年にはプラスチックごみが現在の約2倍の120億トンに増えることが、アメリカの大学などの研究でわかった。

　プラスチックがふつうに使われるようになったのは1950年代のことだ。そのころ1年間に200万トンだったプラスチックの生産量は、2015年には3億8000万トンまで増えた。いままでにつくられた83億トンのプラスチックのうち、ほぼ半分は21世紀に入ってからのもので、なかでもペットボトルに使われる量がすごく増えている。

プラスチックにおおわれた惑星＝地球

　ごみになった63億トンのうち、リサイクルにまわったのは約6億トンだけ（プラスチック全体の7%）で、8億トンが「燃えるごみ」として焼却処分され、残りの49億トンは埋め立てられるか、すてられたはずだ。

　石油からつくられたプラスチックは分解されにくく、いつまでたっても自然界に残る。植物を原料にしたバイオプラスチックや自然界にもどる生分解性プラスチックの生産量は世界で年400万トン程度と、まだまだ少ない。研究者は「地球をプラスチックにおおわれた惑星にしたくなければ、このままの生活をつづけることはできない」と警告している。

見えないごみ、マイクロプラスチック

　最近、目に見えない小さなプラスチックの破片や粒が、大量に海に漂っていることがわかってきた。こうした5ミリ以下のプラスチックごみのことを「マイクロプラスチック」という。その多くはレジ袋やコンビニの弁当箱、ペットボトルなどのプラスチックごみが、紫外線や波の力でボロボロになり、小さくなったものだ。

　また、洗顔剤や歯磨き粉に使われているマイクロビーズ、化学繊維の服を洗濯するときに出る糸くずなどのマイクロプラスチックは、数十〜数百マイクロメートル（1μm＝0.001ミリ）と小さいので、排水にまじり、下水道を通して川や海へ流れてしまう。食器洗いに使うメラミンスポンジ（「激落ちくん」など）もマイクロプラスチックになる。

有害な化学物質がくっつきやすい

　マイクロプラスチックはプランクトンとともに魚や貝に取り込まれ、人の口に入る可能性がある。プラスチック自体にはそれほど毒性はないが、こまったことにマイクロプラスチックには海水にふくまれる有害な化学物質（ポリ塩化ビフェニールなど）がくっつきやすい。

　世界で毎年約800万トンのプラスチックが海に流れているという。日本近海の海水にふくまれるマイクロプラスチックの密度は、世界各地の平均とくらべて27倍も高いことが、九州大学の研究で明らかになった（2015年）。また、琵琶湖には日本近海の2倍を超えるマイクロプラスチックがふくまれていることがわかった（2016年）。

　プラスチックによる汚染を減らすために、EU加盟国のオランダ、オーストリア、ベルギー、スウェーデンでは2014年に「化粧品へのマイクロビーズの使用を禁止する」と発表し、アメリカ・カリフォルニア州やニューヨーク州でも、マイクロビーズを使った製品の販売を禁止しょうとしている。

1kg
（1リットルのペットボトルの水1本分の重さ）

15円〜18円
（板紙）

古紙回収
（段ボール回収率 95%）

段ボール用の
紙をつくる
（古紙利用率 90%）

段ボールは
90%以上が
リサイクル
されている

家庭から出る
段ボール
＝資源ごみ

段ボールを
使う

段ボール箱を
つくる

段ボールの構造

表ライナ

なかしん

裏ライナ

ダンボール

リサイクルできる
段ボールには
世界共通のマークが
ついている

😊 段ボールから段ボールへ、自然素材のすぐれもの

　ペットボトル86.9％、アルミ缶92.4％、段ボール（板紙）93.5％。これはリサイクルの優等生といわれる3つの製品のリサイクル率だ。しかし、リサイクルの中身はかなりちがう。製品をリサイクルする場合、ペットボトルからペットボトルへ、アルミ缶からアルミ缶へ、段ボールから段ボールへと同じ製品に生まれ変わるのが理想的だ。その比率をみるとペットボトルは16.4％、アルミ缶62.8％、段ボール90％以上。つまり、段ボールの場合は新しい段ボールの原料のほとんどが使用済み段ボール（資源ゴミ）ということになる（左上の図）。

　2枚以上を重ねてつくった紙を板紙といい、段ボールの原料はこの板紙だ。段ボールは「なかしん」という波型の板紙を「ライナ」という板紙ではさんでつくる。なかしんとライナを貼り合わせるのりはコーンスターチ、つまりトウモロコシが原料で、ほとんどすべてが自然素材のすぐれものということだ。だから、ごみとしてすてられても、自然界で分解される。

😟 リサイクルよりも使用量を減らすことが大切

　アルミ缶の原料のアルミニウム地金は、ボーキサイトという鉱石からつくられるが、そのときに大量の電力を使う。ところが、回収したアルミ缶から再生すれば、新しくつくる場合の3％くらいの電力ですむ。

　ペットボトルは、寝具や事務用品、衣類などに再利用されたとしても、最後には分解できないごみとなる。軽くてうすいペットボトルになって、1本あたりに必要な石油の量は減ったが、ペットボトルの生産量は1995年の14万トンから2014年の60万トンと約4倍に増えている。

　どんなものでも、リサイクルするためには収集・運搬や再製品化にコストがかかり、エネルギーも使う。持続可能な社会をめざすには、使う量を減らすことが何より効果的だ。

避難所の間仕切りや簡易ベッドに段ボール

　2011年3月の東日本大震災のときに、多くの避難所で活躍したのが段ボールだ。段ボールは三層構造になっていて、紙と紙の間に空気の層がある。そのため衝撃を吸収する効果や断熱効果があり、床に敷くだけでクッションとなって、冷えをふせぐことができる。またプライバシーを守る間仕切りとしても利用され、避難所でのくらしにかかせない。

　この震災をきっかけに、大阪の段ボールメーカー「Jパックス」が段ボール製の簡易ベッドを開発した。ふつうの段ボール箱を組み合わせただけのもので、だれでもかんたんに組み立てることができる。このメーカーの社長は、2012年にイタリア北部地震が起きたとき現地に視察に行き、そこで避難者全員に簡易ベッドが用意されていることにおどろいた。調べてみると、災害のときに床にそのまま寝るのは、先進国では日本ぐらいらしい。災害大国日本でこれではいけないと、段ボール製ベッドを思いついたのだ。そして、被災地に一刻も早く届けるため、業界団体や自治体にかけ合って、防災のための協力体制をつくることにも取り組んだ。

　段ボール製ベッドは、設計図さえあれば全国どこの段ボールメーカーでも素早く大量につくれる。2016年3月時点で、全国200以上の自治体と段ボールメーカーで協力するしくみができている。

段ボールには心を癒やすぬくもりがある

　建築家の坂茂さんも、「紙管」という紙の筒と布を使った避難所の間仕切りシステムを開発し、東日本大震災や熊本地震の被災地に提供した。段ボールにしても紙管にしても、組み立てや分解がしやすくぬくもりのある素材は、災害に苦しむ人々の心を癒やす力をもっているようだ。

インドネシアの線路を走る元営団地下鉄6000系の中古電車

1両 約1000万円
地方や海外で活躍している。

●海外で日本製の新車両を導入すると1両あたり1億〜2億円。中古車両であれば輸送費もふくめて1000万円程度ですむ。国際協力銀行が輸送費を援助して、日本の鉄道会社が無料で渡す場合もある。解体費用は1両300万円ほどかかるので、日本の鉄道会社にとってもメリットがある。

JR西日本の電車のリサイクル率は93.2%

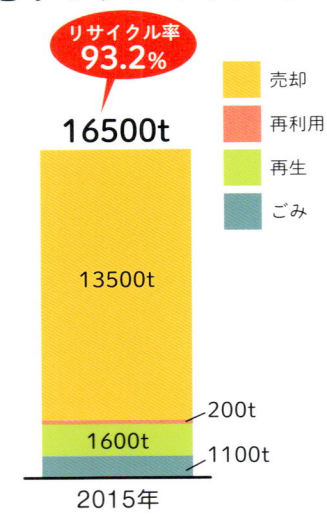

リサイクル率
93.2%

16500t

売却
再利用
再生
ごみ

13500t

200t
1600t
1100t

2015年

JR北海道が維持困難
とした路線図

維持が困難な路線

稚内
名寄
網走
留萌
旭川
根室
小樽
富良野
釧路
夕張
札幌
帯広
苫小牧
様似
函館

廃線になった
歌志内線の終着駅
（1986年）

海外で活躍する日本の中古の電車

　鉄道車両が古くなったり、新しい設備、装置が必要になると新型車両が導入され、旧型車両は引退することになる。車両の寿命はふつう30〜40年だが、JR東日本など大手の鉄道会社では、15年前後で新型車両に置き換えられることが多い。引退後の電車はどうなるのだろう？

　解体した場合、車体のアルミの部分や座席のクッション材などは自動車部品としてリサイクルされ、電車から自動車に生まれ変わるが、リサイクルできる部分はかぎられる。そこで、解体しないで、ほかの鉄道会社に売ったり、あげたりすることが多い（左ページ上のグラフ）。渡す先は地方や海外の鉄道会社。国内では、長野県の上田電鉄で東急電鉄の車両が、熊本県の熊本電気鉄道で東京メトロ銀座線の車両が使われている。海外では、タイ、フィリピン、インドネシア、ミャンマーなどで日本の中古車両が走っている。中古であっても日本の車両は品質がいいので現地では人気が高い。

　2016年7月、アルゼンチンのブエノスアイレスで活躍していた東京メトロ丸ノ内線の500形という車両が日本に里帰りした。鉄道技術の発展に貢献した車両として日本で保存されることになったのだ。中古電車の「第三の人生」として話題になった。

中古車両が図書館になった

　変わった使い道としては、電車の車両が図書館に生まれ変わった例がある。東京都東村山市の「くめがわ電車図書館」だ。地域の足・西武鉄道で走っていた車両が、子ども向けの図書館として使われている。開館は1967年。当時市内には公立図書館がなく、子どもが本にふれられる場所がほしいという要望に応えて、中古車両が提供された。現在の車両は2代目で、初代から数えて50年を迎えた2017年、50周年を祝う記念行事が行われた。子どもと本を乗せての第二の人生も夢があっていい。

どうする？ これからの公共交通

　2016年11月、JR北海道が大規模な路線の見直し方針を発表した。在来線10路線13区間を「自社だけでは維持できない路線」（12ページ下の図）として、廃線や自治体との共同運営について、地元と具体的な話し合いをはじめる。その規模は合計1237kmで、全路線の約5割にのぼる。九州の2倍ある広大な土地に人びとが分散して住む北海道は、札幌近郊を除くと路線ごとの利用がもともと少なかった。そこに道路の整備と人口の減少が加わり、マイカーの利用がすすんで地域の人たちが鉄道を利用することがなくなってしまった。

　道内の高速道路や高規格幹線道路は、1987年の国鉄民営化の時点で167kmだったのが、2016年には1093kmまで延びた。税金を使った無料の自動車道は今も増えつづけている。道路が増え、自動車での移動が多くなって、JR北海道が追いつめられたのだ。

　これは北海道だけの問題ではない。JR北海道が路線見直しの基準にしたのは1日の利用客数2000人未満。それを全国のJRにあてはめると、路線の数でおよそ3分の1があてはまる。

鉄道は公共 サービスという考え方

　それでも、通学に電車を利用する中高生や、マイカーをもたない高齢者の通院の足は確保する必要がある。ヨーロッパやアメリカでは、もともと鉄道は利用者だけでなく地域全体で支えていく、公共サービスなのだから、それに対して投資するのは当然という考え方だ。日本でも、自動車のために使ってきた予算や補助金を鉄道にふり向けるなど、これからの公共交通をどうするか考えるときがきている。自動車にくらべて圧倒的に環境によい鉄道を、かんたんに切りすてるべきではない。

暖房機、買わずに借りるといくら？

ガスファンヒーターの
レンタル料
8〜10畳用でひと冬

3000円（税込）

●ガスファンヒーターのレンタル期間は、暖房が必要になる10月から翌年4月末まで。
9月に募集を開始し、利用者宅まで10月上旬から配達。
翌年の5月に回収するというサービス。

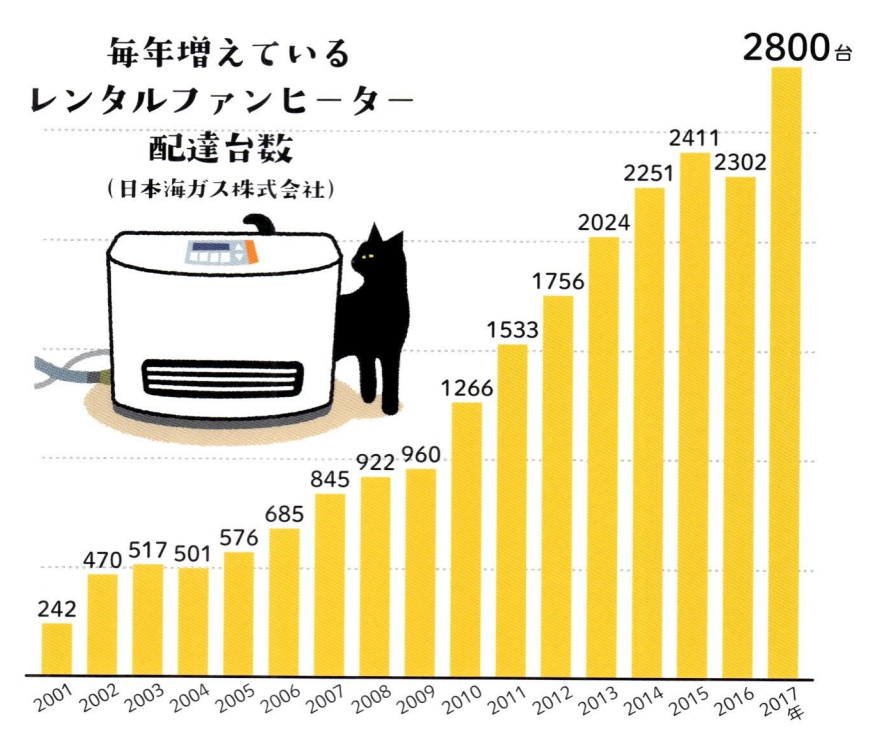

毎年増えている
レンタルファンヒーター
配達台数
（日本海ガス株式会社）

2800台

242 470 517 501 576 685 845 922 960 1266 1533 1756 2024 2251 2411 2302

2001 2002 2003 2004 2005 2006 2007 2008 2009 2010 2011 2012 2013 2014 2015 2016 2017 年

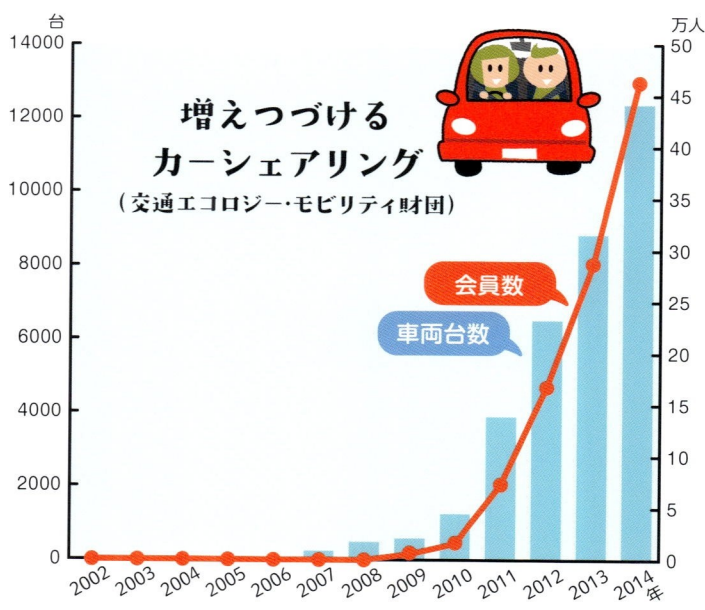

台
14000
12000
10000
8000
6000
4000
2000
0

万人
50
45
40
35
30
25
20
15
10
5
0

増えつづける
カーシェアリング
（交通エコロジー・モビリティ財団）

会員数
車両台数

2002 2003 2004 2005 2006 2007 2008 2009 2010 2011 2012 2013 2014 年

冬のあいだだけレンタルで暖房機を貸し出すビジネス

　富山県の日本海ガス株式会社は、ガスとともにガスレンジやガスファンヒーターなどのガス器具も販売している。その会社が、2001年9月から、「お客様がほしいのは、ガスファンヒーターではなくて、あたたかさのはず」と冬のあいだだけレンタルして使ってもらうサービスをはじめた。料金はひと冬3000円から。あたたかくなっていらなくなると、ファンヒーターを引き取り、専門家がメンテナンスを行ったあと、倉庫に保管する。家庭に置いておくよりも、メンテナンスが行き届く分、長く使えるという。そのため、3000円のレンタル料金でも十分に利益がでる。

　借りる側にとってのメリットは、①収納場所がいらない、②初期費用が不要、③配達・取付・回収をガス会社が行うので手間がかからない、④故障すると機器を無料で交換してもらえる、⑤専門家によるメンテナンスで常に安心して使用できるなど。「お客様にもよろこんでもらえるし、長く使うことで資源の使用量や廃棄物を減らすことができる」という。

みんなが得をする循環型経済のモデル

　サービス開始から16年がたち、左ページのグラフにあるように、利用者は毎年増えて、2017年の配達台数は初年度の10倍になった。CO_2（二酸化炭素）の多く出る灯油のかわりにガスを使えば、地球温暖化防止にも役立つ。さらに、回収した機器のメンテナンスの仕事で、高齢者の雇用を生み出すことができた。「モノではなく、サービスを売る」ことで、使う人、売る会社、そして地球のみんなが得をするこの取り組みは、環境への負担を減らしつつビジネスを成長させることをめざす「サーキュラー・エコノミー（循環型経済）」のひとつとして注目されている。

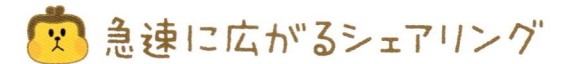 急速に広がるシェアリング

いま、消費者のあいだでモノやサービスを共有しようという「シェア」が広がっている。車を共有するカーシェアの会員数はこの1年で4.5倍に伸びた。衣類やバッグ、傘などの日用品の共有からオフィスや住まいのシェアまで、その動きは急速に広がっている。

東京都の千代田、中央、港、江東、新宿、文京、渋谷の計7区では、2017年12月現在、シェア自転車の相互乗り入れが可能になっていて、7区内のどこでも借りたり返却したりできる。パソコンやスマートフォンで会員登録して月額2000円の基本料金を払えば、30分以内なら無料で利用できる。マイカー利用にくらべ、環境や健康にもいい。

地球上の資源は無限にあるわけではない。車を1家に1台、1人に1台売るというこれまでの「大量消費社会」にかわる、新しい経済のしくみを考えるときがきている。そうした考えのもとに広がっているのが「シェアリング」だ。また、スマートフォンが普及し、どこにいてもインターネットを使えるようになったことも、シェアの広がりを後押ししている。

新しい経済モデル

「シェアリングエコノミー」とは、個人どうしがインターネットを通じてモノやサービスを貸し借りしたり、企業から借りたりする活動のこと。自宅を宿として貸す「民泊」や、一般のドライバーが自家用車で利用客を送迎する「ライドシェア（相乗り）」がよく知られている。

モノだけでなく家事や育児、観光案内など、知識やスキル・空き時間のシェアもはじまっている。シェアリングエコノミーは、モノやサービスの利用を安くかんたんにするだけでなく、格差をなくすことにつながる可能性もある。

富士山のトイレ、使用料はいくら？

1回
100〜300円
（チップ）

富士宮口側山頂公衆トイレ

- 山頂民間共同トイレ（須走口側 300円）
  バイオ式おがくずトイレ2基。処理能力400回／1日
- 頂上富士館（富士宮口側 200円）
  バイオ式おがくずトイレ3基、焼却式トイレ2基。処理能力780回／1日
- こうした環境配慮型トイレのねだんは、1基500万〜600万円。

写真提供：ホームページ「はじめての富士山」

19

バイオトイレ（生物処理式）のしくみ

し尿の水分はおがくずが吸収して、蒸発させる。残ったものを微生物が分解して、自然界にかえす。

ただし、おがくずを混ぜるのに電気が必要になる。

蒸発した水分や二酸化炭素がでていく

排気ファンがまわっている

モーターでスクリューをまわし、おがくずに空気を混ぜる。

携帯用トイレの例

1 ファスナーをあける

2 なかの袋におしっこをする

3 ファスナーをしめる

4 ついている袋にいれて持ち帰る

おしっこが素早く固まりもれない

固まったおしっこは水を加えてトイレに流す

富士山にはバイオトイレが49か所ある

富士山の山小屋トイレは、以前はシーズン中にため込んだし尿をシーズン後にたれ流していたので、分解されにくいティッシュやごみなどがくさい「白い川」となって山の斜面を流れていた。しかし、1999年から山岳トイレに対して補助金を出す制度ができて、少しずつトイレの改善がすすみ、2011年には42あるすべての山小屋に計49か所の環境配慮型トイレ（バイオトイレ）が整備された。

富士山のトイレは環境を汚さないしくみで、バクテリアのはたらきで排泄物を処理する「バイオ式（おがくずと汚物を混ぜて分解する）」と「浄化循環式（カキ殻にすむ微生物が汚物を分解する）」、「燃焼式（タンクに設置したバーナーで汚物を燃やす）」の3つのタイプがある。価格はどのタイプも1基500万～600万円、汚物の処理や修理のために、トイレ1か所あたり数千万円の費用がかかる。トイレ使用料は入山料と同じように義務ではなく協力金で、3～5割の人しか払っていない。これではトイレの維持管理費はまかなえない。

携帯トイレを配って、すてる場所をつくる

問題はもうひとつある。49か所のバイオトイレの処理能力は、2か月間フルに使えて25万人程度。故障したり、処理能力を超えて使えなくなる場合もあるので、実際にはその7割程度しか使えない。そのため、ひと夏に30万人もの登山者が集中する富士山では、トイレの数が絶対的に不足する。静岡県は「携帯トイレをご利用ください」と呼びかけているが、携帯トイレを持参する登山者はそう多くはない。富士山の環境をまもるためには、入山料を使って携帯トイレを配り、登山道に携帯トイレの使用場所を設け、下山した場所に回収ボックスを置くという方法も効果があるのではないだろうか。

富士山以外の山のトイレはどうなっているの？

　国内の山小屋では、昔から、トイレがあっても、し尿を穴に埋めるだけの「浸透式」がほとんどだった。緊急時の避難が目的の避難小屋にはトイレさえないものが多く、小屋のまわりでするしかない。そのせいか、南アルプスなどで大切な飲料水となる沢の水が大腸菌で汚染されていることがわかり、問題になった。そこで1999年、環境省がトイレ改善の補助をはじめて、いまではバイオトイレを備えている山小屋が増えてきた。

　また、山に入る登山者にも一部を負担してもらおうと、トイレ使用の有料化や、携帯トイレの持参を呼びかける動きも出てきた。早池峰山（岩手県）や利尻岳（北海道）では、地元山岳団体などが中心になって10年以上前から携帯トイレの普及をすすめている。

 ## エベレストは下までおろす、デナリは持ち帰る

　では、海外ではどうしているのだろう。エベレストには、シーズン中はベースキャンプに1000人以上が滞在する。ネパール政府はサガルマータ（エベレストのネパール名）汚染管理委員会という機関をつくり、登山隊が汚物を自然分解できる高度までおろしているか目を光らせている。

　アメリカ・アラスカ州のデナリでは、汚物を特殊な袋に入れて指定のクレバスにすてていた。ところがデナリ山系の水から大腸菌が見つかったため、2017年から登山者は登山前にトイレ用の容器を受け取り、下山時に持ち帰ることになった。デナリには登頂証明書はないが、「持続可能な山頂」と書かれた汚物の持ち帰り証明書を出してくれる。

　マレーシアのキナバルの入山者は1日192人（宿泊施設のベッド数）まで。アフリカのキリマンジャロも山小屋の収容人数が決まっている。それが入山規制になっていて、トイレ不足の問題はおきていない。

事故をおこしたチェルノブイリ原発の石棺

大型炉（110万kW〜138万kW級）の廃炉費用
約558億〜834億円

●小型炉（50万kW級）約350億〜476億円　●中型炉（80万kW級）約434億〜604億円　●火力発電所（50万kW以下）の廃炉費用約30億円以下

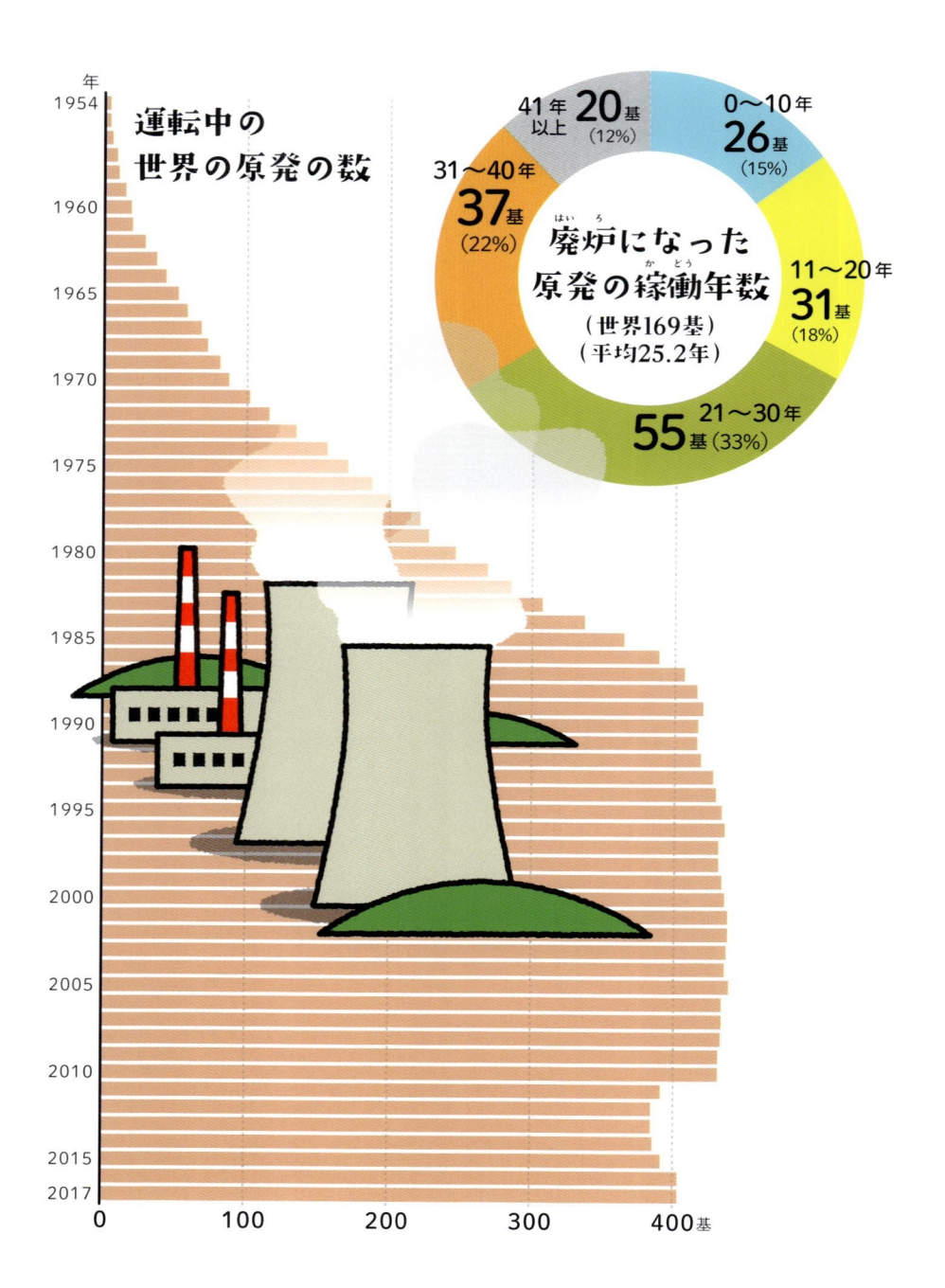

運転中の
世界の原発の数

廃炉になった
原発の稼働年数
（世界169基）
（平均25.2年）

0～10年
26基
（15%）

11～20年
31基
（18%）

21～30年 55基（33%）

31～40年
37基
（22%）

41年
以上
20基
（12%）

世界の原発は廃炉に向かっている

　1954年、ソ連で世界初の原発の運転がはじまって以来、全世界で約600基の原発が建設された。そのうち古くなって運転を停止した主な商用原発は139基で、廃炉（原子力発電所の建屋などを取りこわして更地にもどす作業）が完了したのは、アメリカとドイツの11基だけだ（2016年現在）。国際エネルギー機関（IEA）によれば、この先25年間に、世界全体で約200基の原子炉が閉鎖される予定で、その大半がヨーロッパにある。

　1965年に運転を開始し、1991年に停止したイギリスのトロースフィニッド原子力発電所は、1993年に廃炉作業を開始してから20年以上になるが、施設を完全に解体し終えるまでになお70年かかるという。つまり、26年間使った工場のあとしまつに90年もかかるということだ。もっとも困難な作業は、放射能汚染が激しい原子炉の中の圧力容器の解体だ。人が近づけないので、解体にはロボットアームを使う。解体した部品は、コンクリートづめにして鉄製のコンテナに収め、地下深く埋める。これらの総費用は約900億円というが、これも現時点での見積もりに過ぎず、さらに高くなる可能性がある。

福島第一原発の廃炉にかかった費用はすでに1兆円近い

　日本の商用原発で廃炉作業が行われているのは、事故を起こした東京電力福島第一原発1〜4号機を除けば、日本原子力発電東海原発と中部電力浜岡原発1、2号機の計3基。ほかに8基の廃炉が決まっている。東海と浜岡の廃炉費用はそれぞれ約850億円と見込まれている。福島第一原発4基の廃炉処理にはこれまで9579億円が投じられてきたが、総費用がどれくらいになるか、いつ作業が完了するのかは誰にもわからない。

原発は「トイレのないマンション」

　原発を稼働させれば必ず使用済み核燃料という放射性廃棄物が出る。2011年3月の福島第一原発の事故後、全国の原発は停止された。しかし、2012年12月から原発が再稼働したことで、2017年10月には、使用済み核燃料は約120トンも増えてしまった。再稼働する原発は増えつづけているが、使用済み核燃料から出る高レベル放射性廃棄物の処分場所は決まっていない。日本では、使用済み核燃料を再処理してプルトニウムを取り出し、高速増殖炉で燃料として使う「核燃料サイクル」を行う予定だったが、高速増殖実験炉もんじゅは相次ぐ事故などで廃炉が決まり、計画は破たんした。

　原発を停止して廃炉にするときも、解体作業によって低レベルから高レベルまでさまざまな放射性廃棄物が出る。日本の原発で最初に廃炉が決まった東海原発では、15年前から廃炉作業がはじまり、解体で出た低レベル廃棄物を一時的に敷地内に置いている。廃炉完了予定は2025年だが、最終処分場のめどはたっていない。原発がある世界41か国中、放射性廃棄物の最終処分場が決まっているのはフィンランドとスウェーデンの2か国だけで、建設に着手しているのはフィンランドただ1国だ。原発が「トイレのないマンション」と呼ばれる理由がここにある。

 ## 廃炉のための研究が大切

　福島第一原発の事故後、ドイツをはじめ、イタリア、スイス、台湾などが脱原発を決め、韓国も原発ゼロをめざすと宣言した。中国やロシアで原発の新規建設がすすめられているとはいえ、原発推進は一部の国にとどまっている。ただし、廃炉など原発のあとしまつのための人材育成と研究は欠かせない。

平均で1か月 **1万円**

地点番号 03-0011-1060-2651-1220-0071

電気ご使用量のお知らせ
ご使用場所 あきる野市

29年 8月分	ご使用期間 検針月日	7月26日～ 8月24日 8月25日 （30日間）
ご使用量		10kWh
請求予定金額 （うち消費税等相当額）		418円 30円

上記料金内訳
基本料金　　　　　　　280円80銭
電力量料金
・1段料金　　　　　　195円20銭
・燃料費調整額　　　　-29円60銭
再エネ発電賦課金　　　26円
口座振替割引　　　　　-54円00銭

お問い合わせは、下記の電話番号まで
～おかけ間違いにお気をつけください。～
お問い合わせ先／カスタマーセンター
お引っ越し・ご契約に関するご用件
0120-995-661
停電・設備に関するご用件
0120-995-007

TEPCO

地点番号 03-0011-1060-2651-1220-0071

電気ご使用量のお知らせ
ご使用場所 あきる野市

29年 9月分	ご使用期間 検針月日	8月25日～ 9月25日 9月26日 （32日間）
ご使用量		12kWh
請求予定金額 （うち消費税等相当額）		457円 33円

上記料金内訳
基本料金　　　　　　　280円80銭
電力量料金
・1段料金
・燃料費調整額　　　　234円24銭
再エネ発電賦課金　　　-34円80銭
口座振替割引　　　　　31円
　　　　　　　　　　　-54円00銭

お問い合わせは、お
～おかけ間違いにお
お問い合わせ先／カスタマーセンタ
お引っ越し・ご契約に関するご
0120-995-6

電気料金は
1か月 400円台

せんたくき　そうじき
**洗濯機も掃除機も
ありません**

4人家族で電気代400円でも
暮らせます。

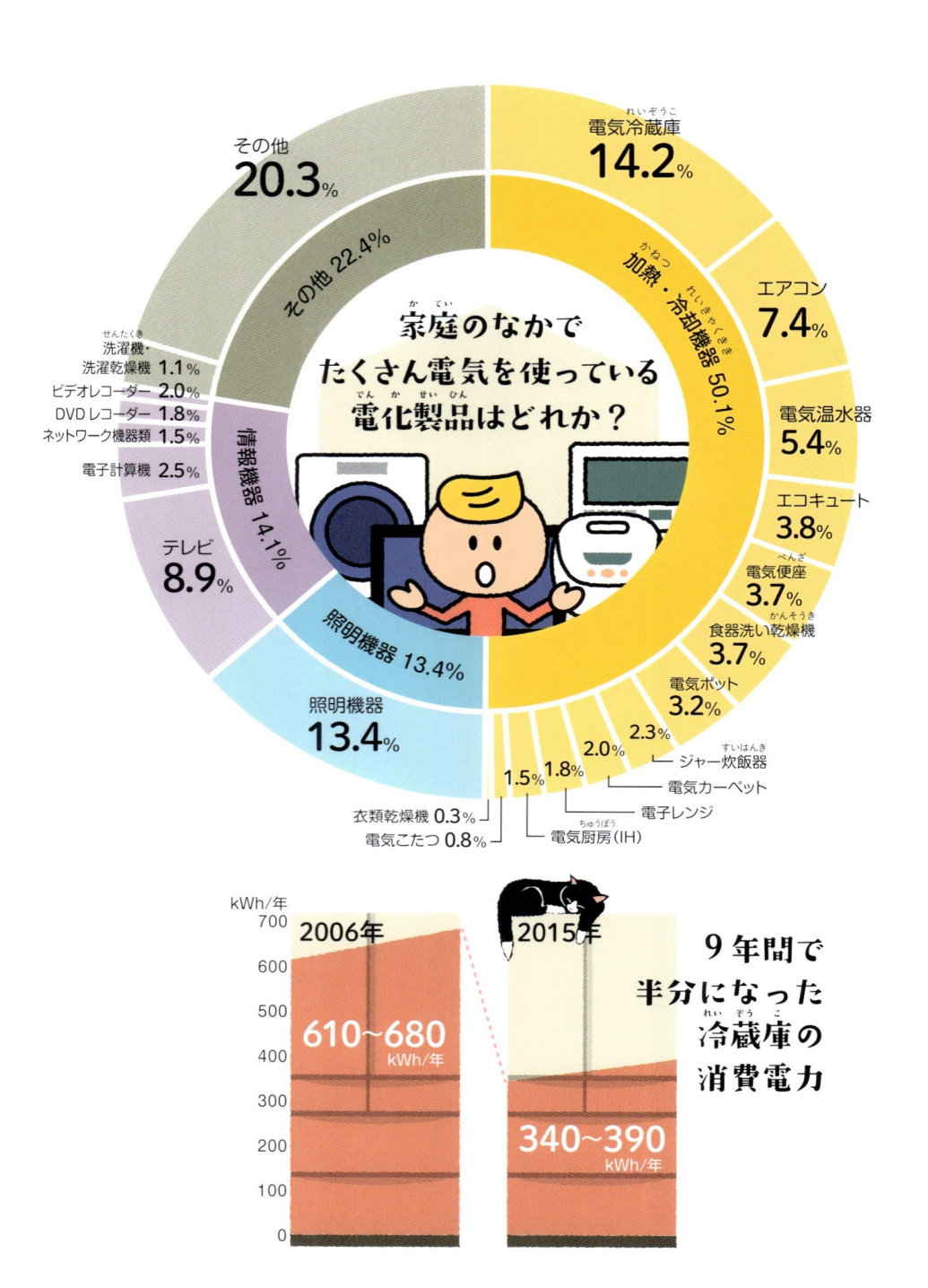

家庭のなかでたくさん電気を使っている電化製品はどれか？

- 電気冷蔵庫 **14.2**%
- エアコン **7.4**%
- 電気温水器 **5.4**%
- エコキュート **3.8**%
- 電気便座 **3.7**%
- 食器洗い乾燥機 **3.7**%
- 電気ポット **3.2**%
- ジャー炊飯器 **2.3**%
- 電気カーペット **2.0**%
- 電子レンジ **1.8**%
- 電気厨房(IH) **1.5**%
- 電気こたつ **0.8**%
- 衣類乾燥機 **0.3**%

加熱・冷却機器 **50.1**%

- 照明機器 **13.4**%

- テレビ **8.9**%

情報機器 **14.1**%
- 電子計算機 **2.5**%
- ネットワーク機器類 **1.5**%
- DVDレコーダー **1.8**%
- ビデオレコーダー **2.0**%
- 洗濯機・洗濯乾燥機 **1.1**%

- その他 **20.3**%

その他 22.4%

9年間で半分になった冷蔵庫の消費電力

- 2006年　610〜680 kWh/年
- 2015年　340〜390 kWh/年

kWh/年　700 / 600 / 500 / 400 / 300 / 200 / 100 / 0

🐻 全国平均の４分の１の水道光熱費で暮らせる

　東京あきる野市に暮らすアズマさんは、夫婦と小学生２人、幼児の５人家族で、中古の一軒家に住んでいる。テレビはあるが、いつもは押し入れにしまってあって特別なときだけ見る。ほかには電灯３つ・ステレオ・パソコン・アイロン・扇風機があるぐらいで、冷蔵庫・炊飯器・洗濯機・エアコン・掃除機などの電化製品はない。

　10アンペアという低い電力契約なので、基本料金が280円で使用量が月200円前後（27ページの電気料金表）。一般家庭だと月5000円〜10000円ぐらいかかる電気代が月400〜500円ですんでいる。ほかにも雨水は屋根から雨どいで５個の雨水タンクにためて、水洗トイレに運んでいるので、水道代は月1400円ぐらい。料理やお風呂に使うガス代は3000〜4000円かかるが、ひと月の水道光熱費の総額は4000〜5000円。全国平均の４分の１だ。

　小学生の子どもたちは、雑巾がけ競争をしたり、小さなものは手洗い、大きなものは踏み洗いで家事に参加している。冬の暖房は火鉢（炭火）を使い、各自重ね着をして過ごすが、子どもたちは案外平気で実は親のほうが寒がりとか。こういうシンプルな生活を無理なくつづけている。

🐻 まずはアンペアダウンで10％の節電から

　東京電力の契約は、10アンペア単位で10〜60アンペアまである。もっと少ない５アンペア契約もあるが、倉庫や自販機用で、家庭で使うことは想定されていない。福島第一原発事故の後、電力会社の電気に頼らずに暮らしたいと「５アンペア生活」をはじめた人がいる。５アンペアでは、ドライヤーやトースター、炊飯器など、高熱になるものは使えない。ご飯もなべで炊くことになる。

　こうした超節電生活は「うちも明日から」というわけにはいかないが、電力契約を１ランク下げて、今30アンペアなら20アンペアにしてみるのはどうだろう。１０％の節電、１年で3000円ほど節約になるはずだ。

省エネ生活、省エネ家電のすすめ

　消費電力（しょうひ でんりょく）が大きい家電（かでん）は、冷蔵庫が第1位で世帯全体の消費電力の14.2％、以下照明が13.4％、テレビが8.9％とつづく。家電製品の省エネは毎年すすんでいる。なかでも冷蔵庫の省エネはめざましく、消費電力が9年間で半分になった。24時間動きつづけるだけに、買い替え（か）による省エネ効果（こうか）は大きい。環境省の「省エネ製品買い替えナビ（しんきゅうさん）」によると、電球をLEDに替えるだけで約85％の省エネになる。液晶（しょう）テレビは8年間で65％も省エネがすすんだ。

エアコンの設定温度は、
夏は28度、冬は20度を目安（めやす）に

白熱電球（はくねつでんきゅう）1個替える（か）と年間530円の節約（せつやく）になるし、何倍も長持ちする

エアコンの
フィルターは
こまめに
掃除（そうじ）する

電灯（でんとう）はLEDに替える

熱が逃げやすい
＝冷えやすい

冷蔵庫のまわりはすき間をあけておく

テレビの画面（がめん）の掃除（そうじ）をする

待機電力（たいきでんりょく）を使わない

使わないときは、
リモコンではなく、
もとの電源（でんげん）を切る

※録画機能内蔵型は予約録画ができなくなる機種がある

キッチンが
油田(ゆでん)に
なった？

バイオディーゼル燃料
ＢＤＦ　1リットル、

120円

（2017年9月現在）

● BDF（バイオディーゼル燃料）＝食用油(しょくようあぶら)をリサイクルした燃料
● ガソリン(レギュラー)の平均価格は141.4円
　（2017年12月・資源エネルギー庁）

天ぷら油の
リサイクル

行政

回収するところ

お店・会社

家庭

使い終わった
天ぷら油

飲食店

SALAD
OIL

TOKYO
油田

天ぷら油の回収車

写真提供：株式会社ユーズ

資源にリサイクル
燃料、エサ、肥料に

家庭の天ぷら油を燃料に変える

食堂などで使った後の食用油（廃食用油）は回収が義務づけられていて、ほとんどが飼料や石けんなどにリサイクルされている（飼料用が70%）。すてられるのは2割ほどにすぎない。しかし、家庭から出る使用済みの天ぷら油は、9割以上がすてられている。その量、全国で年間9万〜11万トン。東京だけでも年間1万トンで、25mのプール40杯分になる。燃料にすると、北海道の宗谷岬から九州の鹿児島まで（約3000km）を2万8000台のトラックが走行できる量だ。

そこで10年前に、「使い終わったすべての天ぷら油は資源へ」という目標をかかげて、1人の女性が「TOKYO油田2017」プロジェクトを立ち上げた。（株）ユーズ代表の染谷ゆみさんだ。実家は業務用廃食用油のリサイクル業を営む染谷商店。1993年、廃食用油から軽油の代わりとなるバイオディーゼル燃料（BDF）を開発していた。その原料に、家庭から出る天ぷら油を使おうというのだ。染谷さんは1997年、使用済み天ぷら油を回収し、BDFの使い道を広げるために「ユーズ」を創立。この会社が2007年に10周年を迎えたときに、20周年に向けて実現したいこととして打ち出したのが、「TOKYO油田2017」だった。

キャンパスが油田になった！

キャンパス油田は、ユーズが学生有志でつくる「ECO（エコ）学園祭ネットワーク」などを通じて呼びかけて、2011年からはじまった。学園祭の模擬店などから出た廃食用油を一斗缶に集め、ユーズが回収してバイオディーゼル燃料（BDF）に再生する。それを次に開催される学園祭で発電機の燃料として使用するというシステムだ。年々参加大学の数も増え、2017年は20校にのぼった。学園祭で地域から廃食用油の回収を行うなど、大学と地域のつながりを深めることにも役立っている。

バイオ燃料を生み出す藻類

　藻類が光合成などでオイルをつくりだすことは昔から知られていて、藻類を原料としたバイオ燃料の研究開発は、アメリカを中心に1970年代から行われている。日本では筑波大学の渡邉信教授が1980年代から研究をリードしてきた。同じ耕地面積でみると、藻類はトウモロコシの700倍ものオイル生産能力があるという。しかし、藻類を大量に培養してオイルをとるにはたいへんな手間とコストがかかる。実用化するには、現在1リットルあたり4100円のバイオ燃料の価格を、石油並みの100円前後に下げなければならない。

　渡邉教授は東日本大震災の復興支援のために、被災自治体の耕作放棄地を藻類の培養に活用している。また「福島を再生可能エネルギーの拠点に」との願いをこめて、南相馬市の地元にもともといる藻類を使ったバイオ燃料の生産にも取り組んでいる。

　また、東京オリンピックが開催される2020年に、日本から藻類を原料とするバイオジェット燃料で航空機を飛び立たせようという計画がある。そこで新エネルギー産業技術総合開発機構（NEDO）の委託を受け、IHIやデンソー、東京農工大学などがバイオジェット燃料の研究開発をすすめている。民間ではユーグレナ社がミドリムシを原料にしたバイオジェット燃料の開発を手がけている。

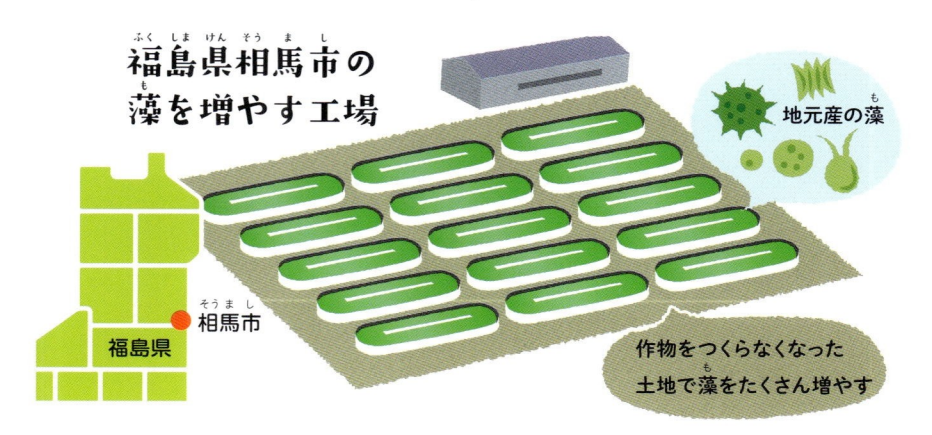

福島県相馬市の藻を増やす工場

地元産の藻

福島県　相馬市

作物をつくらなくなった土地で藻をたくさん増やす

かんこうちょう
官公庁オークションで

2180万〜6740万円

●文部科学省の「「みんなの廃校」プロジェクト」では、多くが「貸与先公募」とあるが一部「譲渡先公募」もある。「有償譲渡」と明記されている物件も。

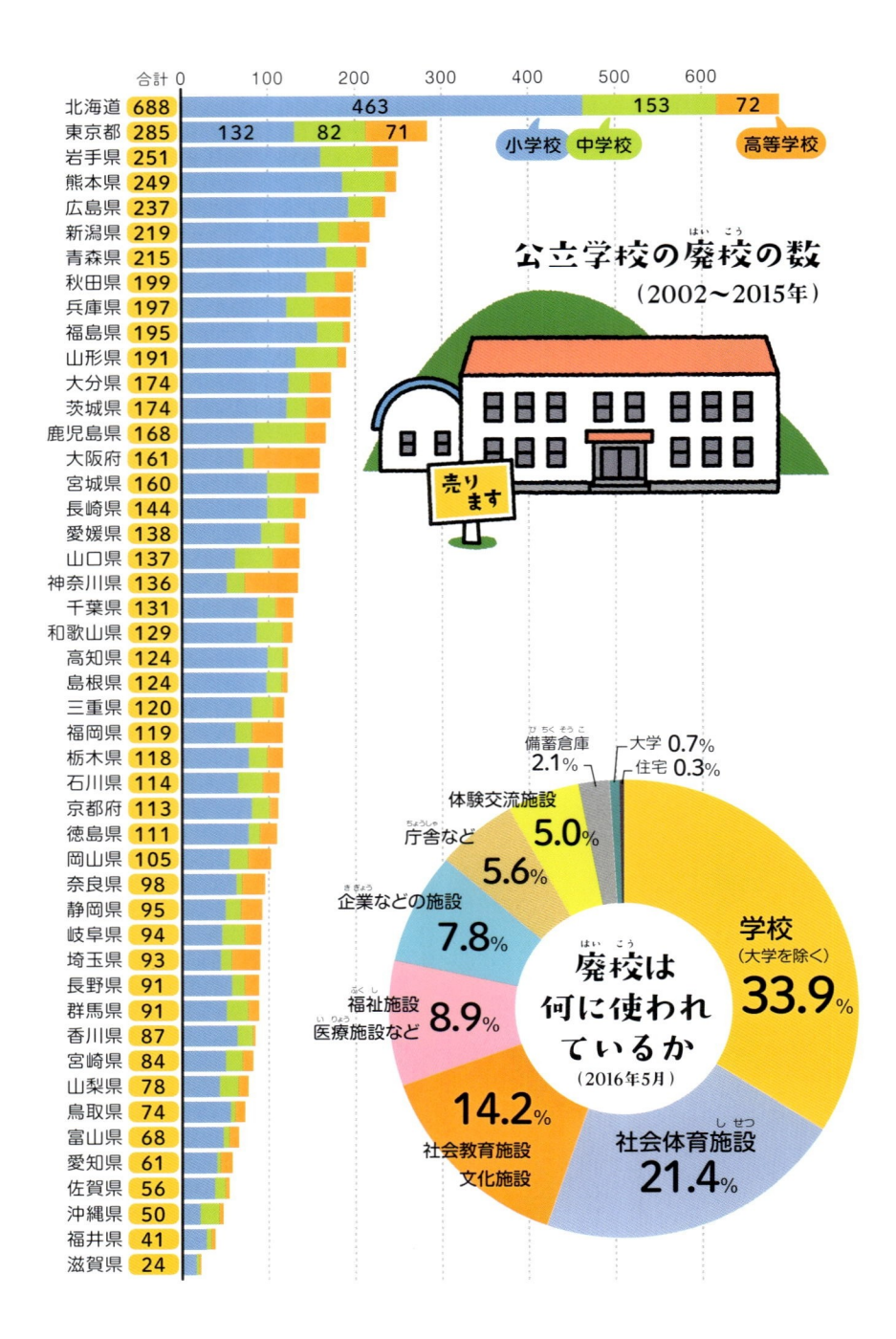

公立学校の廃校の数
（2002〜2015年）

合計		小学校	中学校	高等学校
北海道	688	463	153	72
東京都	285	132	82	71
岩手県	251			
熊本県	249			
広島県	237			
新潟県	219			
青森県	215			
秋田県	199			
兵庫県	197			
福島県	195			
山形県	191			
大分県	174			
茨城県	174			
鹿児島県	168			
大阪府	161			
宮城県	160			
長崎県	144			
愛媛県	138			
山口県	137			
神奈川県	136			
千葉県	131			
和歌山県	129			
高知県	124			
島根県	124			
三重県	120			
福岡県	119			
栃木県	118			
石川県	114			
京都府	113			
徳島県	111			
岡山県	105			
奈良県	98			
静岡県	95			
岐阜県	94			
埼玉県	93			
長野県	91			
群馬県	91			
香川県	87			
宮崎県	84			
山梨県	78			
鳥取県	74			
富山県	68			
愛知県	61			
佐賀県	56			
沖縄県	50			
福井県	41			
滋賀県	24			

廃校は何に使われているか
（2016年5月）

- 学校（大学を除く） 33.9%
- 社会体育施設 21.4%
- 社会教育施設 文化施設 14.2%
- 福祉施設 医療施設など 8.9%
- 企業などの施設 7.8%
- 庁舎など 5.6%
- 体験交流施設 5.0%
- 備蓄倉庫 2.1%
- 大学 0.7%
- 住宅 0.3%

売ります

学校がオークションに丸ごと出品されている

インターネットのオークションサイトに学校が載っている。校舎はもちろん、暖房器具や給食室などの設備もふくめて丸ごとのねだんで2180万円～6740万円。都内の中古マンションとそう変わらない。もちろん、廃校になって現在は使われていない学校だが、オークションに出品されていることにちょっとびっくりする。

子どもの人数が減って、公立学校の統廃合がすすみ、日本では小学校、中学校、高等学校合わせて、年間約500校も廃校になる。1957年度に2万6755校あった公立小学校は、2016年度には2万0011校と約25％も減ってしまった。廃校の7割は活用されているが、残りの3割は廃校になったあと、そのまま放置されている。そこで、廃校の使い道にこまっている市区町村に廃校施設を有効に活用してもらおうと、文部科学省に設けられたのが「みんなの廃校」プロジェクトだ。活用先を公募したい地方公共団体は、校舎のくわしい情報と貸したり売ったりするときの条件を示す。その情報を文部科学省が地域ごとに集めてホームページに載せて、活用を希望する団体や事業者とのつなぎ役をしている。

温泉や美術館に変身する廃校もある

文部科学省のホームページには、実際に廃校を活用している例も紹介されている。そのまま教室として使えるので学校や体育・教育施設が多い（左ページの円グラフ）。次に高齢者・障害者向けの福祉施設や医療施設。ユニークなものとしては、校舎を宿泊施設や温泉、美術館などに再利用する例がある。とくに地方では、学校を地域のシンボルとして残したいという思いが強い。地域の人びとの新たな活動の場として生まれ変わる施設であってほしい。

廃校が多い北海道

　36ページの棒グラフを見ると、2002～2015年度の都道府県別の廃校の数は、びっくりするほど北海道に集中している。14ページでふれたように、北海道は住民の足である鉄道路線も、このままいくと現在の半分が廃止せざるを得ない。

　2007年、北海道の中央にある夕張市は、財政難から財政再建団体となった。かつて炭鉱で栄え、1970年に9万人近くあった人口は、2017年には8651人と10分の1以下に減ってしまった。人口が1万人以下になった市は、同じ北海道の歌志内市、三笠市に次いで3つ目だ。財政再建団体に指定された市としては、1977年の三重県上野市（現伊賀市）以来2つ目となる。

　かつて小学校22校、中学校9校、高等学校6校あった公立の学校は、現在は各1校に統廃合されている。夕張市の面積は東京23区よりも広い。そこに小・中・高校が1校ずつしかなく、図書館もない。

　鉄道については、2016年、市長側から石勝線の夕張支線（新夕張―夕張間）の廃止を提案して話題になった。鉄道を維持するより路線バスを増やしたほうが、市の負担が少なく、市民にとっては便利という判断だった。この提案が実現すれば、鉄道は廃止される。

北海道・夕張の姿は日本の未来

　夕張市の姿は、実は日本の未来の姿と重なる。人口は2007年から自然減少していて、現在1億2700万人の日本の総人口は、2060年には8674万人まで減り、高齢者の割合は人口の4割を超えると予想されている。夕張でおきたことは、全国どこの自治体でも起こりうることなのだ。夕張では2011年から、若い市長が「財政的には豊かでなくとも、そこに住む人たちが幸せに暮らしつづけられる町を目指そう」と再生に向けてがんばっている。高齢化と財政難は全国共通の課題であり、夕張から学ぶべきことは多い。

雨をためる
雨水(うすい)タンク、
いくらする？

雨水(うすい)タンク(設備(せつび))200リットルで

6万円前後

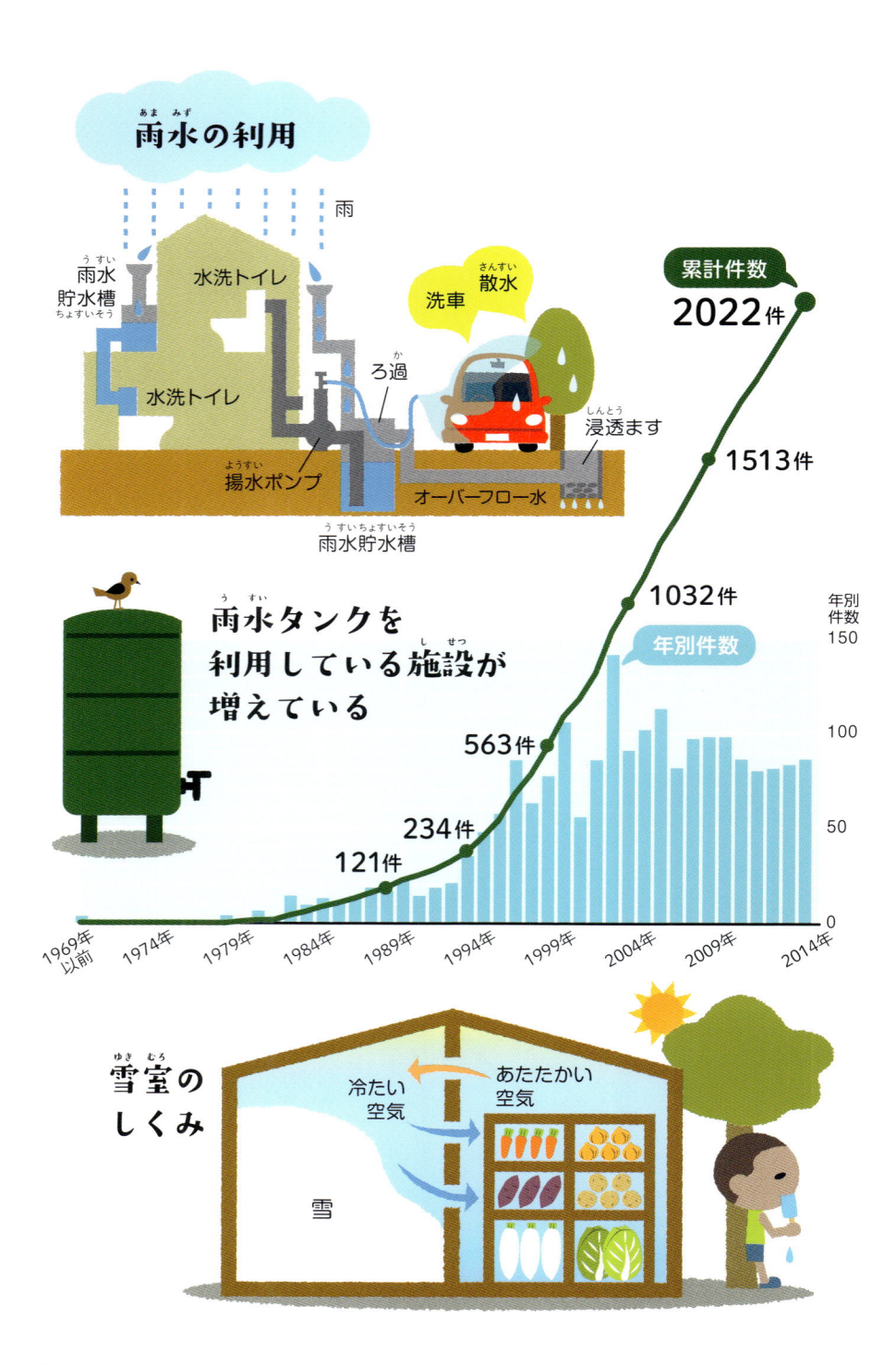

雨水の利用

雨

雨水貯水槽（うすいちょすいそう）

水洗トイレ

ろ過（か）

洗車

散水（さんすい）

水洗トイレ

浸透ます（しんとう）

揚水ポンプ（ようすい）

オーバーフロー水

雨水貯水槽（うすいちょすいそう）

累計件数

2022件

1513件

1032件

563件

234件

121件

雨水タンクを利用している施設が増えている（うすい・しせつ）

年別件数

年別件数

1969年以前　1974年　1979年　1984年　1989年　1994年　1999年　2004年　2009年　2014年

150
100
50
0

雪室のしくみ（ゆきむろ）

冷たい空気

あたたかい空気

雪

雨水ー流せば洪水、ためれば資源

たび重なる豪雨や洪水など、雨は各地に大きな被害をもたらしている。しかし、雨水は貴重な天然資源でもある。2014年3月に国会で「雨水利用推進法」が成立した。雨水の利用をすすめ、下水道や河川に雨水がまとまって流れ込まないようにするためだ。

1980年代初めの墨田区では、豪雨で下水が逆流する被害がたびたびおきた。墨田区の保健所職員だった村瀬誠さんは、洪水の原因が町の都市化にあることをつきとめた。下水道は雨水の約半分が地中に浸み込む前提で設計されているが、コンクリートでおおわれた地面は雨水をほとんど吸収しない。そのため大雨が降ると、雨水が下水に集中し、あふれだしてしまうのだ。そこで村瀬さんが考えた解決策が、「雨をためて、使う」ことだった。

調べてみると、墨田区の1年間の降雨量と水道の使用量がほぼ同じだった。東京では水源のほとんどを上流のダムに頼っている。ダムの水ももとをたどれば雨水だ。村瀬さんはこのときはじめて、これまで下水にすてていた雨水が貴重な水資源であることに気づいたという。

ちょうどそのころ、日本相撲協会の国技館が台東区から墨田区に移転することになった。この国技館が村瀬さんの発案で本格的な雨水タンクを地下に備えた日本初の建物となった。1984年に完成した国技館の地下には1000トンの雨水をためられるタンクがあり、トイレや冷房、散水など、水使用量全体の70％を雨水だけでまかなっている。

全国へ、世界へ広がる雨水の利用

その後、この方式は、墨田区から都へ、日本全国へ、そして世界へと広がっていった。安全な水が手に入らず、水が原因で多くの人が亡くなっていたバングラデシュでは、村瀬さんが中心となって、貧しい人にも手が届く、世界一安い雨水タンクの普及をすすめた。

やっかい者の雪がエネルギーになる?

日本は国土の半分が豪雪地帯にあたる。たとえば札幌ではひと冬に約6メートルの降雪があるが、世界の都市とくらべてみると、これはロシアのサンクトペテルブルクの2倍以上、カナダのモントリオールの3倍近くになる。豪雪地帯に多くの人が暮らす日本は、世界的にみてもめずらしい国だ。雪国では年間500億～900億トンの雪が降り、そのうち5000万トンほどの雪が雪捨て場に運ばれる。そのために必要な経費は年間約2000億円。また、雪国で暮らす人びとにとって、屋根の雪下ろしはたいへんな重労働だ。

しかし、このやっかい者の雪は、宝の山にもなりそうだ。雪国であっても、日本の夏はかなり暑い。冬に降り積もった雪を夏まで保存しておけば、その冷気や溶けた冷水をビルの冷房や農作物の冷蔵に利用できる。室蘭工業大学の媚山政良名誉教授によると、夏に1トンの雪氷を利用することで約10リットルの石油を節約でき、二酸化炭素の排出を30～35kg減らせるという。

雪の利用は奈良時代から

奈良時代の歴史書『日本書紀』に、「氷室」で保存した氷を夏に天皇に献上したという記録が残っている。「雪室」または「氷室」とは、雪や氷を集めて保存しておく倉庫のことだ。日本人は、雪や氷のもつ冷たさを古代から上手に利用してきたのだ。昔ながらの「雪室」は、電気冷蔵庫が普及する昭和30年代に一度は消えてしまった。しかし電力もいらず、二酸化炭素を出すこともない雪は、日本特有の再生可能エネルギーだ。「雪氷熱利用」は、2002年「新エネルギー利用等の促進に関する特別措置法(新エネ法)」の改正で、新エネルギーとして認められた。このような、洪水の原因になる雨や、生活するうえで邪魔になる雪などを活かす工夫も「サーキュラー・エコノミー(循環型経済)」のひとつだ。

電力1kWhあたりの建設費用は、
50円から

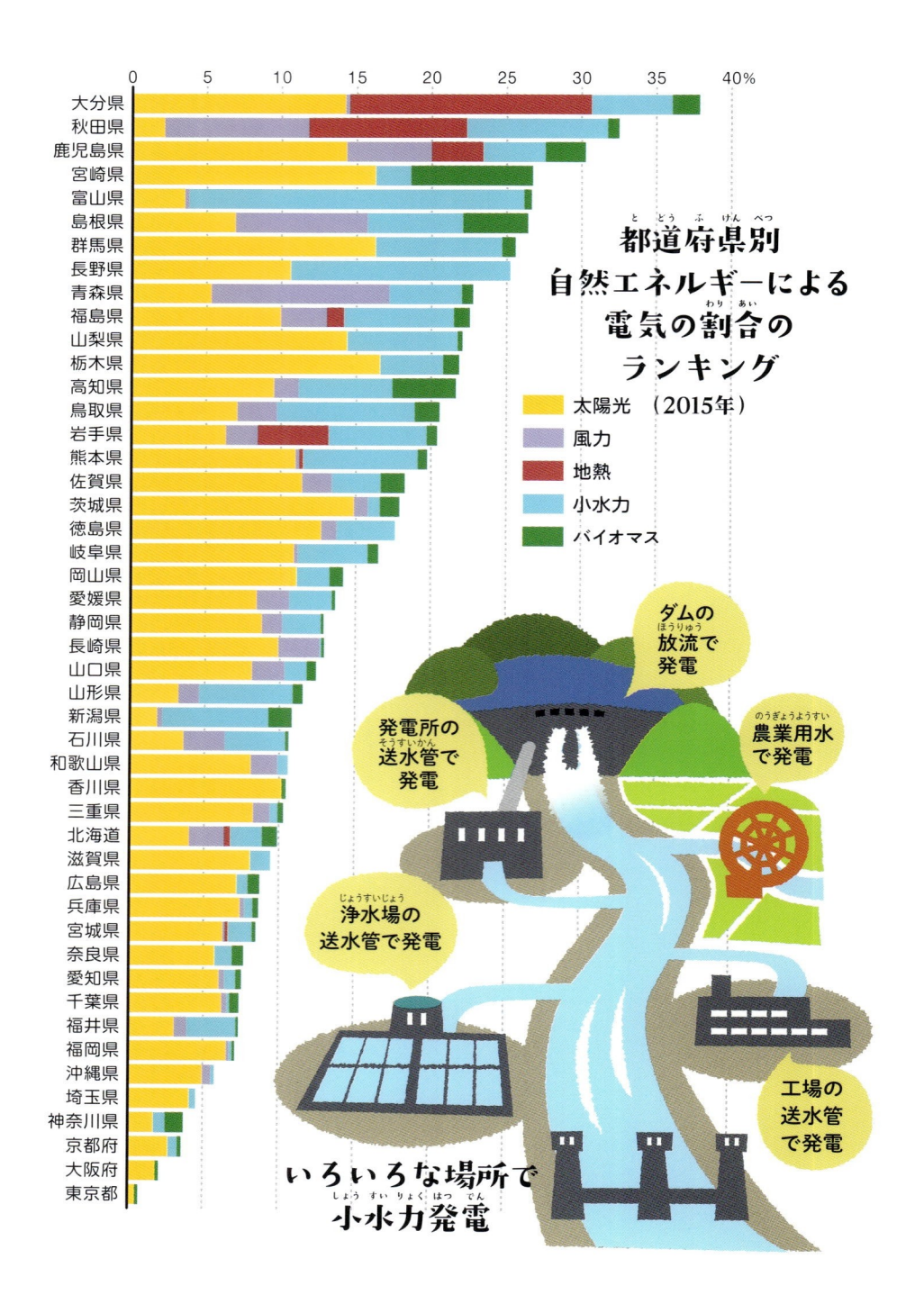

都道府県別
自然エネルギーによる
電気の割合の
ランキング

（2015年）

太陽光
風力
地熱
小水力
バイオマス

ダムの
放流で
発電

農業用水
で発電

発電所の
送水管で
発電

浄水場の
送水管で発電

工場の
送水管
で発電

いろいろな場所で
小水力発電

発電の規模が小さいほど買い取り価格が高い

　小水力発電は、世界中で行われているが、はっきりとした定義がない。多くの国では1万kW以下としているが、日本では新エネルギー法によって1000kW以下のものが再生可能エネルギーとされている。再生可能エネルギーの普及・拡大を目的とした「固定価格買取制度」（再生可能エネルギーで発電した電気を一定の価格で買い取ることを、電力会社に義務づける制度。買い取り期間は20年間。2012年7月施行）では、農業用水路や小さな河川で発電を行う中小水力発電の電力を高い価格で買っている。1kWhあたりの買い取り価格が、「5000kW以上30000kW未満」の場合は20円、「1000kW以上5000kW未満」の場合は27円、「200kW以上1000kW未満」の場合は29円、「最大出力200kW未満」の場合は34円と、規模が小さいほど高い。

発電できる場所は無数にある

　小水力発電は、太陽光や風力よりも天候や時間による変動が少なく、発電量が安定している。また日本は国土の70％を山がしめ、水が流れやすい地形になっている。勢いよく水が流れている川は、エネルギーが流れているのと同じで、どこの水源地域でも、水の力で電気をつくれる。中小水力発電を行えそうなところは、日本中に少なくとも数千か所あり、1000億kWhほどの電力を増やせるという計算もある。今後、再生可能エネルギーの中心は水力発電になるかもしれない。

　小水力発電は工夫しだいでどこでもできる。たとえば、上水道や下水道、工場・ビル内の水路などを利用したマイクロ水力、ピコ水力発電で、都市でも地産地消のエネルギーをつくり出せる。小水力発電は純国産の持続可能なエネルギーなのだ。

エネルギー永続地帯とは？

　「エネルギー永続地帯」とは、「その地域で得られる再生可能エネルギーによって、生活に必要なエネルギーのすべてをまかなうことができる地域」のことだ。再生可能エネルギーには、太陽の光や熱、水力、風力、地熱、生物を資源とするバイオマスなどがあり、世界中で実用化されている。日本はもともと再生可能エネルギーが豊かな国だ。地熱の存在量は世界3位、降水量は世界6位で、国土の約3分の2が森林でおおわれている。その宝物がこれまで活用されてこなかった。

　2011年3月の東日本大震災のあと、日本でも、再生可能エネルギーに目が向けられるようになった。千葉大学の倉阪秀史教授とNPO法人「環境エネルギー政策研究所」は共同して、日本全国の自治体がどのくらい再生可能エネルギーをつくり出しているかを、12年間にわたって調べ、「エネルギー永続地帯」として公表している。その結果、2016年3月の段階で、電気と熱の両方を自給できる市町村の数は、2011年度末の50から、5年間で71に増えた。電気だけを自給できる市町村は、85から111になっている。

都道府県別の自給率は？

　都道府県単位でみると、2015年の再生可能エネルギーの自給率ランク1位は大分県の32.2％（大分県には大規模な地熱発電がある）、最下位の47位は東京都の0.65％だった（44ページのグラフ）。地域に必要なエネルギーの10％以上を再生可能エネルギーでまかなえる都道府県は、5年間で8県から25県に増えた。このように再生可能エネルギーが増えたので、2016年には、日本全国の発電量の約8％が再生可能エネルギーで供給されるようになった（大規模水力発電をふくめると14.5％）。原子力発電は0.9％で、太陽光発電による供給のほうが原子力発電を上まわっている。

二酸化炭素（にさんかたんそ）
1トンあたりの炭素税（たんそぜい）

日本	289円
スイス	9860円
フランス	4020円

47

地球温暖化のしくみ

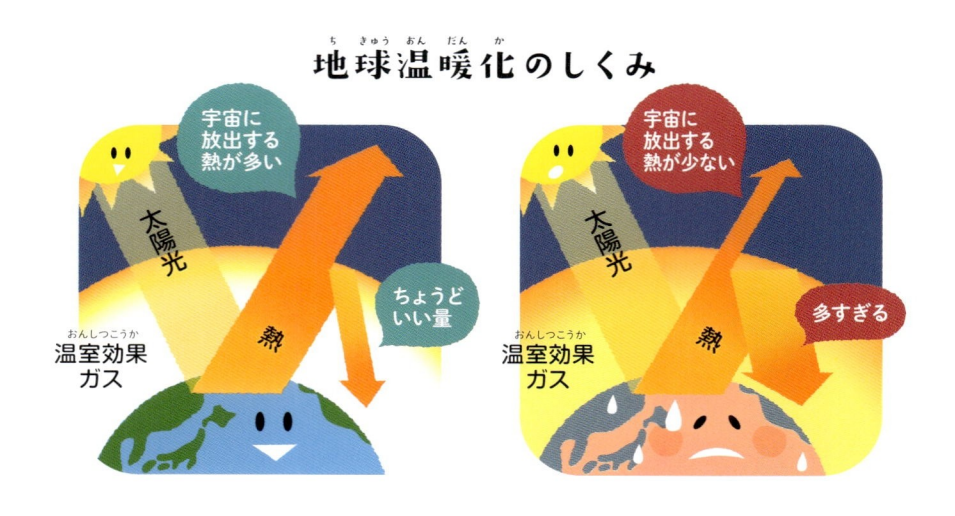

主な国の炭素税の税額
（二酸化炭素 1トンあたり）

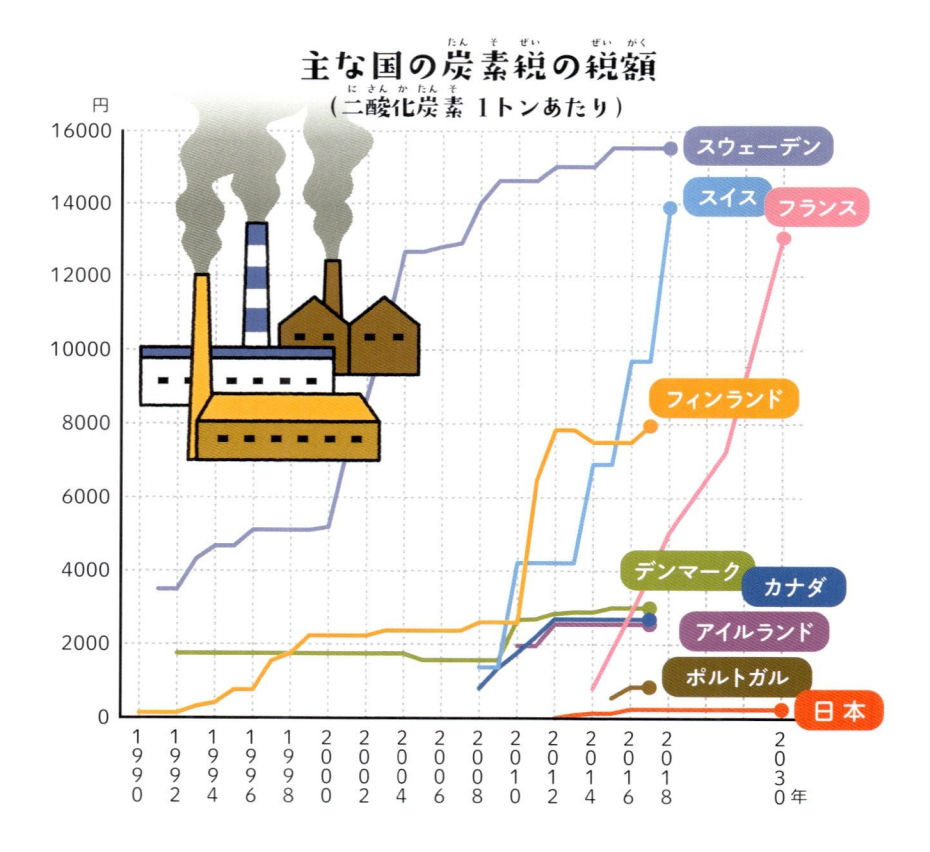

地球温暖化はなぜ起きる？

地球は、太陽にあたためられ、一方で、地表からその熱を宇宙に放出している。地球の大気にふくまれる二酸化炭素（CO_2）やメタンなどは、地表から逃げる熱を吸収し、吸収された熱の一部が地表にもどってくる。こうして、地球の大気は温室の中のようにあたたまる。このしくみを「温室効果」、CO_2やメタン、水蒸気など、温室効果をもたらす気体を「温室効果ガス」という。温室効果のおかげで、地球の平均気温は約14℃に保たれ、生物のすみやすい環境となっていた（もし温室効果がなければ －19℃になる）。しかし18世紀後半の産業革命以来、大気中の温室効果ガスが増え、地表にもどってくる熱が多くなって、気温が上がっている（左ページ上の図）。これが地球温暖化だ。

温室効果ガスは60年間で3割も増えた

大気中にふくまれている CO_2 の濃度は、1960年ころには315ppmくらいだった。それが2017年には約410ppmと、60年ほどの間に3割も増えた。温暖化がすすむと、気温が上がるだけでなく、干ばつや洪水、熱波などの異常気象がおきる。また、気候の変化についていけずにサンゴなど多くの生物が絶滅の危機に追いやられ、感染症を広める蚊の分布する地域が広がる。また、農業や漁業にも大きな影響がでる。

そこで1992年、この問題を解決するための初めての国際条約「気候変動枠組み条約」が採択された。条約に参加する国が温暖化対策について話し合う会議を「COP」といい、毎年世界の各都市で開催されている。2015年にパリで開かれたCOP21では、途上国もふくめた各国の2020年以降の取り組みを決めた「パリ協定」が採択された。パリ協定では、「産業革命前からの地球の気温の上昇を2℃以下におさえる」、「そのために、21世紀の後半に世界の温室効果ガス排出を実質ゼロにする」という2つの目標を定めている。

炭素を出すとお金がかかる－炭素税

　CO₂をはじめとする温室効果ガスの排出量を減らすことが、国際的な課題になっている。CO₂は石油などの化石燃料を燃やすと発生するから、温暖化を止めるカギは化石燃料の使用を減らすことだ。そのために、炭素を出すとお金がかかる「カーボンプライシング（炭素の価格づけ）」というしくみがある。炭素の排出に税金をかける「炭素税」※、炭素を排出できる枠を取引する「排出量取引制度」などだ。

　炭素税は、1990年代以降、深刻化する地球温暖化への対策としてヨーロッパ諸国を中心に導入され、効果を上げている。化石燃料を使う企業や個人に対して、CO₂の排出量に応じた税金をかけるもので、税金の使い道は国によっていろいろだ。日本でも、2012年から「地球温暖化対策税」が導入されたが、税率はCO₂排出量1トンあたり289円と、ほかの国の炭素税にくらべて低い（48ページのグラフ）。実際に税金を払うのは化石燃料を使っている企業だが、企業はその税金を製品の価格に上乗せするので、製品を買うことで家計にも1か月あたり100円ほどの負担になる。この税金は再生可能エネルギーの普及など温暖化対策に使われる。

 ## 二酸化炭素の量を売り買いできる

　排出量取引制度とは、国や企業が温室効果ガスを排出できる量を「排出枠」という形で割り当て、排出枠を超えて出してしまったところが、排出量が少ないところから不足した分の枠を買うことができるようにして、それによって削減したことにする制度だ。どの国や企業でも、よそから買うより余った分を売ったほうがいいと考えて、排出枠を超えないようにするため、結果的に削減につながる。パリ協定後、「炭素を出すとお金がかかる」しくみの温暖化対策は、さらに広がっていくだろう。

※炭素税…環境税ともいうが、環境税は森林環境税、水源税、産業廃棄物税など、広く環境保全を目的として課す税を指す場合もある。

海のエコラベル（MSC認証）は
審査に150万〜1200万円

日本のエコマークは
審査に２万円（別途消費税）。
ほかに毎年ラベルの使用料を払う。

●エコラベルとは、環境のことを考えてつくられた商品につけられる
ラベルで、環境ラベルともいう。

エコラベルのいろいろ

エコマーク

環境を守ることに役立つ
商品であることを示すマーク
（日本環境協会認定）

リサイクルマーク

資源ごみとして
あつかうマーク

古紙パルプ配合率100％再生紙を使用

Rマーク

再生紙を使用している
ことを示すマーク

責任ある森林管理
のマーク

責任ある森林管理マーク

環境を守り、「適切に管理された森
林」から切り出された木材でつくられ
ていることを保証するマーク

いろいろな
ラベルが
あるんだ…

ブルーエンジェル

世界初のエコラベル、
ドイツのエコマーク

「エコラベル」
―生産者と消費者が共同で環境を守る

　世界で最初のエコラベルは、1978年にはじまったドイツのブルーエンジェルだ。日本では、1989年に公益財団法人日本環境協会がエコマーク制度をスタートさせた（左ページの図）。エコマークの対象は、食料品や日用品、カーシェアリングのようなサービスまでと幅広い。生産者や企業がエコマークを使うには、まず協会に審査料を払って審査を受け、合格したら毎年売上高に応じてマークの使用料を払う必要がある。日本ではエコマークのほかに世界の主要なエコラベル19種類と、国や企業によるものなど110種類以上が使われている。これらのエコラベルがついた製品を消費者が買えば、環境を守ることにつながるしくみだ。身の回りにどんなエコラベルがあるか探してみよう。

「海のエコラベル」、世界では

　国際的に認められている代表的なエコラベルのひとつに、MSC（海洋管理協議会）の「海のエコラベル（MSC認証、51ページ）」がある。水産物が海の自然や資源を守って獲られたかどうか、第三者機関が厳密な審査を行うため、審査・認証費用は安くない。しかし世界では、自分が買う商品が環境のことを考えてつくられたかどうかを気にする消費者が増えている。アメリカのスーパー「ウォルマート」は、販売する魚の9割がMSCなどの認証つきだ。そのため1000万円出しても MSC 認証をとりたいという漁業者が少なくない。2017年4月現在 MSC 認証は世界で約320漁業、海のエコラベルつき製品は2万5000品目にのぼる。日本は3漁業、約250品目。漁獲量が世界7位（2015年）の漁業国にしては認証数が少ない。消費者にとって海のエコラベルつき商品を買うことは、持続可能な漁業に取り組む漁業者を応援することであり、それが海の豊かさを守る第一歩となる。※現在日本で MSC 認証を取得しているのは、京都のアカガレイ漁業、北海道のホタテガイ漁業、宮城のカツオ・ビンナガマグロ漁業の3件

持続可能な開発目標
―2030年までの世界の行動計画

「持続可能な開発目標」とは、2015年に国連加盟国193か国が全会一致で採択した、2016年から2030年までの行動計画のこと。英語の頭文字をとって SDGs（エスディージーズ）と呼ばれる。「持続可能な開発」とは、将来の世代のための環境や資源をこわさずに、今の生活をよりよい状態にすることだ。国連は「誰も置き去りにしない」をスローガンに、「質の高い教育をみんなに」「安全な水とトイレを世界中に」「海の豊かさを守ろう」など17の目標をかかげている。エネルギー問題や気候変動への対策など、環境にかかわる目標も多い。2030年までの15年間、国連加盟国は SDGs の達成に向けて力を尽くすことになる。15年後の世界を動かしているのは、今子どものみなさんだ。ほかにどんな目標があるか、巻末のサイトで調べてみよう。

環境問題に取り組む企業に投資する
― ESG 投資の広がり

東京オリンピックのための新国立競技場の建設中に、使われている木材がマレーシアで違法伐採されたものだとわかり、日本の企業が環境NGOから批判された。企業や商社も、材料の調達先で環境破壊が行われていないか、また仕入れた製品が児童労働でつくられたものでないかといったことに気を配らなければ、ビジネスがつづけられなくなっている。企業の業績だけでなく、環境や人権などの問題にどれだけ取り組んでいるかを考えて投資先を決める、「ESG 投資」が世界で急拡大しているからだ。ESGは、「環境・社会（人権）・ガバナンス（企業統治）」の頭文字。2016年にはその額およそ2500兆円、世界の投資の4分の1を占めるまでになった。世界をもっといい方向に変えようとお金のまわり方が変わりはじめている。 ※ ESG投資はアメリカで投資全体の21.6%、ヨーロッパ52.6%、日本はわずか3.4%

出典と参考文献

3 p. スーパーのレジ袋 1 枚いくら?
- ◉ 世界のレジ袋への取り組みは?(イーズ未来共創フォーラム2014.8)
  http://www.es-inc.jp/graphs/2014/grh_id005307.html
- ◉ マイクロプラスチックって何だ? http://web.tuat.ac.jp/~gaia/item/%E3%83%9E%E3%
  82%A4%E3%82%AF%E3%83%AD%E3%83%97%E3%83%A9%E3%82%B9%E3%83%81%
  E3%83%83%E3%82%AF%E3%81%A3%E3%81%A6%E4%BD%95%E3%81%A0.pdf
- ◉『プラスチックスープの海』―北太平洋巨大ごみベルトは警告する―/チャールズ・モア、
  カッサンドラ・フィリップス/海輪由香子 訳/NHK出版

7 p. 再生紙を使った段ボールのねだん
- ◉ 段ボール情報館(全国段ボール工業組合連合会)http://zendanren.or.jp/content/
- ◉ なぜ災害時は段ボールベッドがいいのか(Jパックス株式会社)
  http://jpacks.co.jp/archives/471

11 p. 電車の中古車両、1両いくら?
- ◉ 東京メトロ ニュースレター 第65号「車両譲渡」編(2016.7.20)
  http://www.tokyometro.jp/corporate/newsletter/metroNews20160720_65.pdf
- ◉『若者のためのまちづくり』<岩波ジュニア新書> 服部圭三郎/岩波書店

15 p. 暖房機、買わずに借りるといくら?
- ◉ 製品ではなくサービスを売る(JFS ニュースレター2017.6)
  https://www.japanfs.org/ja/news/archives/news_id035859.html
- ◉ シェアリング・エコノミーとは(平成27年版情報通信白書)
  http://www.soumu.go.jp/johotsusintokei/whitepaper/ja/h27/html/nc242110.html
- ◉『これからの日本のために「シェア」の話をしよう』三浦展/NHK出版

19 p. 富士山のトイレ、使用料はいくら?
- ◉ 今後の山小屋トイレの整備と維持管理のあり方について
  (環境省 平成24年度 総合的山岳環境保全対策推進事業実施業務報告書 2013.3)
  https://www.env.go.jp/nature/report/h26-03/02_chpt2.pdf
- ◉『トイレのチカラ』―トイレ改革で社会を変える―上幸雄/近代文藝社

23 p. 原発のあとしまつにいくらかかる?
- ◉ "廃炉時代到来" 積み残された課題(NHK クローズアップ現代+ 2016.1)
  http://www.nhk.or.jp/gendai/articles/3759/1.html
- ◉『原子力市民年鑑 2016-17』原子力資料情報室 編/七つ森書館

27 p. 電気代、ひと月いくら?
- ◉『節電母さん』アズマカナコ/集英社
- ◉ しんきゅうさん(省エネ製品買換ナビゲーション)環境省

http://ondankataisaku.env.go.jp/shinkyusan/

31p. キッチンが油田になった?

◉ 『TOKYO油田物語』―天ぷら油まわりまわって世界を変える―染谷ゆみ／一葉社
◉ 藻類バイオマス・エネルギーの実用化（藻類バイオマス・エネルギーシステム開発研究センター）
http://www.abes.tsukuba.ac.jp/project

35p. 学校が丸ごと買えます

◉ ～未来につなごう～「みんなの廃校」プロジェクト（文部科学省）
http://www.mext.go.jp/a_menu/shotou/zyosei/1296809.htm
◉ 『やらなきゃゼロ!』―財政破綻した夕張を元気にする全国最年少市長の挑戦―
＜岩波ジュニア新書＞鈴木直道／岩波書店

39p. 雨をためる雨水タンク、いくらする?

◉ 雨水の利用の推進に関するガイドライン（案）（国土交通省2016.4）
http://www.mlit.go.jp/common/001140420.pdf
◉ 『ムラセ係長、雨水で世直し!』秋山眞芸実／岩波書店
◉ 克雪から利雪へ（水の文化45号「雪の恵み」2013.10）
http://www.mizu.gr.jp/kikanshi/no45/01.html
◉ 『空から宝ものが降ってきた!』―雪の力で未来をひらく―／伊藤親臣／旬報社

43p. 小水力発電、いくらでできる?

◉ 小水力発電とは（全国小水力利用推進協議会）
http://j-water.org/about/index.html#about05
◉ 『水力発電が日本を救う』―今あるダムで年間2兆円の電力を増やせる― 竹村公太郎／東洋経済新報社
◉ 永続地帯2016年度版報告書（千葉大学倉阪研究室＋認定NPO法人 環境エネルギー政策研究所 2017.3）
http://www.isep.or.jp/wp/wp-content/uploads/2017/03/eizoku2016.pdf

47p. 環境税っていくらなの?

◉ STOP THE 温暖化2017（環境省）
https://www.env.go.jp/earth/ondanka/knowledge/Stop2017.pdf
◉ 環境省「諸外国における炭素税等の導入状況」2017.7
https://www.env.go.jp/policy/tax/misc_jokyo/attach/intro_situation.pdf
◉ 『地球温暖化は解決できるのか』―パリ協定から未来へ!― ＜岩波ジュニア新書＞
小西雅子／岩波書店

51p. エコラベルを使うのにいくらかかる?

◉ 環境省「環境ラベル等データベース」
http://www.env.go.jp/policy/hozen/green/ecolabel/f01.html
◉ さまざまなエコラベル（WWFジャパン）
https://www.wwf.or.jp/activities/resource/cat1305/
◉ 私たちが目指す世界 ―子どものための「持続可能な開発目標」
https://www.plan-international.jp/news/info/pdf/160112sdgs_01.pdf
◉ 持続可能な開発目標17の目標(子ども向け)
https://www.unicef.or.jp/kodomo/sdgs/goal_child.html

編者　藤田千枝

大学理学部卒。児童向けの科学の本、環境の本を翻訳、著述。科学読物研究会会員、著書に「くらべてわかる世界地図」シリーズ、訳書に「化学の物語」シリーズ（ともに大月書店）、「実物大恐竜図鑑」（小峰書店）、「フリズル先生のマジックスクールバス」シリーズ（岩波書店）「まほうのコップ」（福音館書店）ほか多数。

各巻の執筆者

① 新美景子　② 坂口美佳子
③ 菅原由美子　④ 増本裕江
⑤ 新美景子・鈴木有子　⑥ 菅原由美子

社会がみえる
ねだんのはなし **5**

リサイクルと環境のねだん

2018年2月15日　第1刷発行
2024年3月15日　第5刷発行

編　者　　藤田千枝
執筆者　　新美景子　鈴木有子
発行者　　中川　進
発行所　　株式会社 大月書店
　　　　　〒113-0033 東京都文京区本郷 2-27-16
　　　　　電話（代表）03-3813-4651　FAX 03-3813-4656
　　　　　振替 00130-7-16387
　　　　　http://www.otsukishoten.co.jp/

デザイン・イラスト・DTP　なかねひかり
印　刷　　光陽メディア
製　本　　ブロケード